一年中楽しめる
おりがみ壁飾り

機能訓練指導員 堀込好子

指先を使って いきいき！

はじめに

「眠っている紙をいかしましょう!」

皆さん、かわいくてつい買ってしまったり、好きな色だけ使ってしまって残っているおりがみはありませんか？　捨てられずにとってある包装紙や、おしゃれな紙袋が家のどこかに眠っていませんか？　そんな、身のまわりにあふれた紙を利用して、子どもからお年寄りまで、誰でも手軽に始められる壁飾り作りに挑戦してみましょう。

配色を考えて頭を使い、指先を動かすのは脳トレーニングの基本でもあります。私が機能訓練指導員として勤め始めたのは10年ほど前。以来、職場では週2回、おりがみの時間を設けて壁飾り作りに取り組んでいます。この本に出てくる壁飾りは、やればできることを証明したくて皆さんと共に作った作品です。でき上がったときの達成感は、次の意欲にもつながります。どうぞ掲載作品にとらわれず、色や大きさ、レイアウトをご自分で工夫して、あなただけの個性的な作品に仕上げてください。

機能訓練指導員
堀込好子

おりがみ壁飾りのいいところ

1 身近にある紙すべてが材料に

おりがみや包装紙、新聞紙や広告、紙袋など。どのご家庭にもある、身近な紙が材料になります。新聞のカラーページは、おりがみや包装紙にない、優しい雰囲気の色を出すことができます。

2 子どもからお年寄りまで、皆で楽しめる

壁飾りは、どれもおりがみのパーツを組み合わせてできています。1つのパーツは、どなたでも折れるかんたんなものばかり。時間のあるときにパーツを折りためておくと便利です。

3 リハビリや脳の活性化につながる

色合わせを考え、指先を使っておりがみを折ることは、リハビリにもつながります。施設では、色を選択したり、枚数を数えるのもご本人にしてもらっています。

4 たくさんつなげると大きな壁飾りになる

1枚で飾ってもすてきですが、皆で作った作品を模造紙に貼ってつなげると、パッチワークのように仕上がります。レクリエーションや幼稚園・保育園のおりがみの時間、学校の共同制作などにもぴったりです。

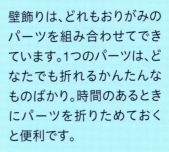

施設で作るときのアドバイス

作業は週2回、1回1時間ほどを目安にしています。皆さん集中して作品を作っていますので、そのときにはわからなくてもあとから肩が凝ったり、疲れを感じてしまいます。時間配分は無理をしないように楽しみましょう。でき上がりのお手本と使用するパーツのお手本を作っておいて、皆さんに見てもらいながら折っていくとスムーズです。
また、作品作りにはハサミが欠かせません。普段から、新聞紙やチラシの写真などを切り抜いてトレーニングをしましょう。練習するうちに、だんだん上手に使えるようになります。途中の作品はファイルなどに保管して、何回かに分けて仕上げていきます。

もくじ

この本の使い方…6
おりがみのはなし…8
基本となるおりがみのパーツA〜P…9
パーツをきれいに折るポイント…14
台紙をアレンジしましょう…15

Part1　季節の壁飾り

春 SPRING

 チューリップ…16
 さくら…18
 ひよことクローバー…19
 チョウ…20
 おひなさま…22
 かぶと…24

夏 SUMMER

 フルーツ…26
 にじ…29
 金魚…30
 カーニバル…31
 アジサイ…32
 太陽…34

この本に関するご質問は、お電話またはWebで
書名／一年中楽しめる おりがみ壁飾り
本のコード／NV70410　担当／加藤麻衣子
Tel:03-5261-5083（平日13:00〜17:00受付）
Webサイト「日本ヴォーグ社の本」
http://book.nihonvogue.co.jp/
※サイト内〈お問い合わせ〉からお入りください。（終日受付）
（注）Webでのお問い合わせはパソコン専用になります。

★本誌に掲載の作品を、複製して販売（店頭、ネットオークション、バザーなど）することは禁止されています。個人で手作りを楽しむためのみにご利用ください。

秋 AUTUMN

 田と赤とんぼ…36

 もみじのステンドグラス…38

 お月見…40

 ハロウィン…42

 ケーキとマグカップ…44

冬 WINTER

 クリスマス…46

 雪の結晶…48

 はんてんとちゃんちゃんこ…50

 富士山…52

 冬の野菜…53

 バレンタインのハート…54

Part2 一年中楽しめる壁飾り

 ハウス…58

 トランプ…60

 リボンのフレーム…62

 四季…63

 モザイクタイル…64

 猫…66

 焼きものコレクション…68

 かきつばた…70

パーツで作ってみましょう①
小さな家と木…56

パーツで作ってみましょう②
アルファベット…72

パーツで作ってみましょう③
パズル…73

実物大型紙…74

この本の使い方

特別な材料や道具は必要ありません。
身近にあるものを利用して、
誰でもかんたんに作れます。

STEP1 材料を集めましょう

- 包装紙
- カラフルな段ボール紙
- 無地のおりがみ
- いろいろな柄のおりがみ
- 新聞紙

材料になる紙は、おりがみのほかにも、きれいな包装紙や新聞紙のカラーページが活躍します。無地のおりがみを使うと、はっきりとした色合いの壁飾りに。新聞紙や包装紙を使うと、やわらかい雰囲気に仕上がります。
100円ショップでは、チェックや水玉など、おしゃれな柄のおりがみのほか、凹凸のある段ボール紙なども扱っているので、お好みの材料を見つけてください。

STEP2 道具の準備

①ハサミ
おりがみやパーツを切るときに使います。

②液体のり
おりがみのパーツどうしを貼ったり、台紙にパーツを貼るときに使います。

③スティックのり
13ページのパーツPでのみ使います。

④セロハンテープ
おりがみのパーツどうしを貼るときに使います。

⑤油性ペン
動物の目を描いたり、おりがみのパーツPの表側がわかるよう、裏側に印をつけるときに使います。

⑥えんぴつ
えんぴつは削る前の新しいものを用意します。13ページのおりがみのパーツPを作るときに使います。

STEP 3 壁飾りを作りましょう

 →  →

作りたいものが決まったら、材料の項目をチェックします。おりがみを折ってパーツを用意します。
★パーツの折り方は9〜13ページ

作り方を見ながら台紙にパーツを貼ると、壁飾りのでき上がり。

皆で作ってつなげると大きな壁飾りとして楽しめます。配色や配置に迷ったら、デジタルカメラで写してみましょう。カメラ目線で見ると、全体を客観的に見ることができます。

> はじめて作る人やかんたんに作りたい人は、難易度の✹マークを参考にしてください。✹（やさしい）、✹✹（ふつう）、✹✹✹（むずかしい）作るときの目安になります。

STEP 4 飾り方のアイデア

幼稚園や保育園でのおりがみの時間や、老人ホームでのレクリエーションの場など、みんなで作ってつなげると大きな壁飾りができ上がります。施設では、誰がどの壁飾りを作ったかがわかるように、名前のスタンプを押して一緒に飾ります。名前を書くことで、みなさんの自信や達成感にもつながります。

アレンジした小ものもたくさん！

壁飾りのモチーフをオーナメントにしたり、紙袋に貼ったり。この本ではいろいろな楽しみ方も紹介しています。

おりがみのはなし

この本で使うおりがみの実物大サイズです。15×15㎝のおりがみを基本に、1/4の大きさの7.5×7.5㎝、1/9の大きさの5×5㎝、1/16の大きさの3.75×3.75㎝を使います。

15㎝
7.5㎝
5㎝
3.75㎝

包装紙もおりがみに！

包装紙をおりがみのサイズに切っておくと、使いたいときにすぐに使えます。例えば、5×5㎝に包装紙を切りたい場合は、10×10㎝の包装紙を4等分にすると4枚のおりがみができ上がります。小さなサイズに切ったものは、仕切りのあるお菓子の入れものなどを利用してストックすると便利です。

基本となるおりがみのパーツ A〜P

この本の壁飾りは、おりがみで折ったパーツを組み合わせて、台紙に貼って作ります。
ここでは、A〜Pまでの16種類のパーツと、よく出てくる「4つ巻き折り」の折り方をご紹介します。
16ページからの作品に必要なパーツは、この図を見て折りましょう。

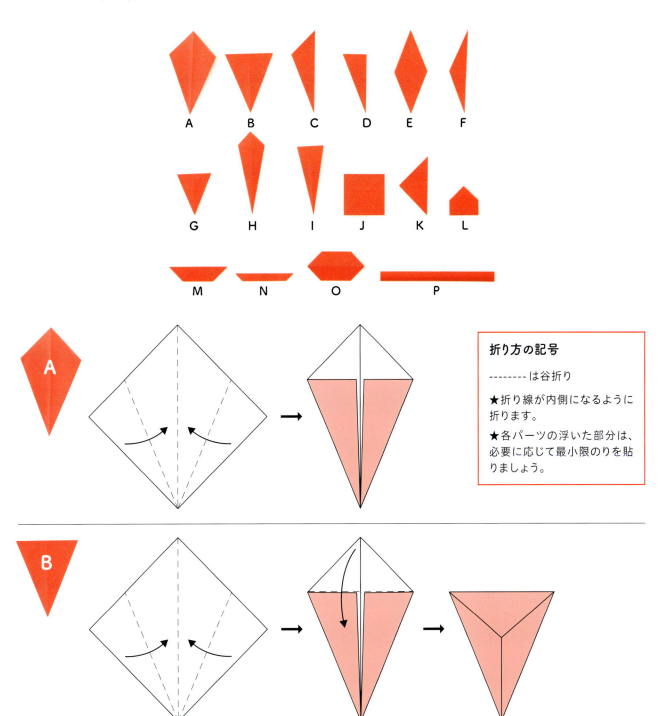

折り方の記号

-------- は谷折り

★折り線が内側になるように折ります。

★各パーツの浮いた部分は、必要に応じて最小限のりを貼りましょう。

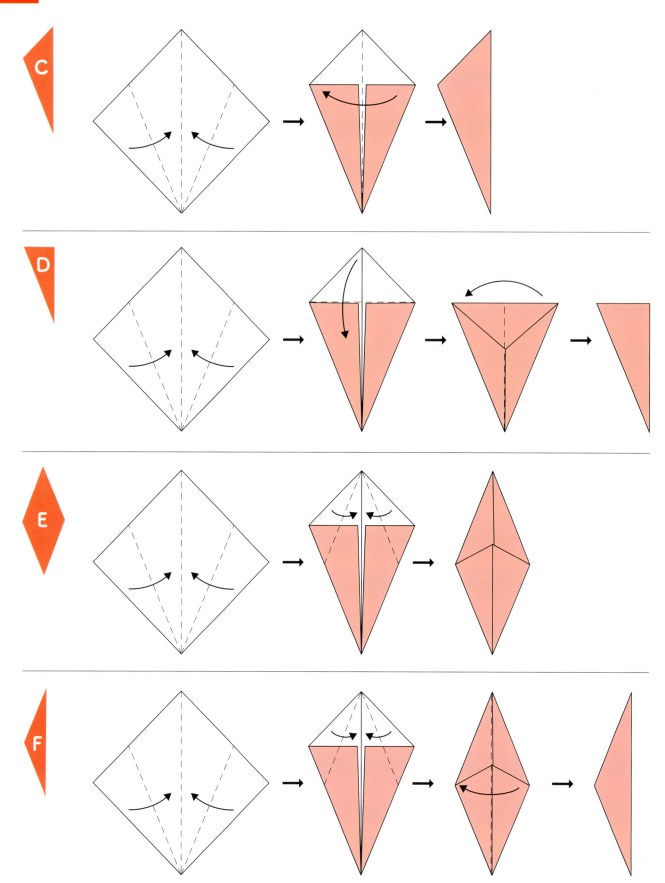

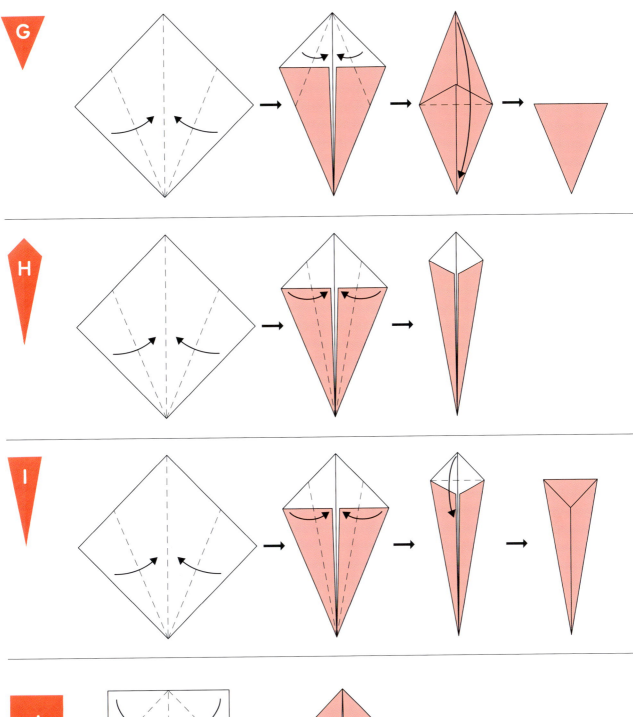
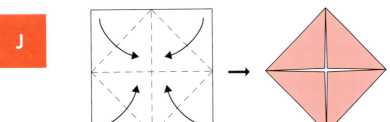

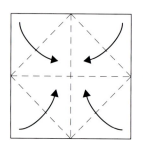 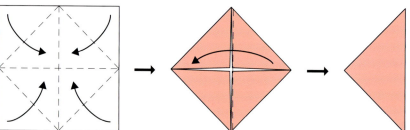

 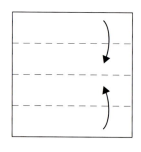 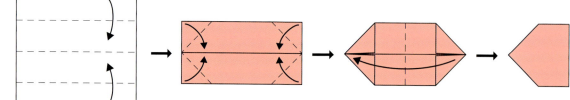

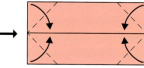 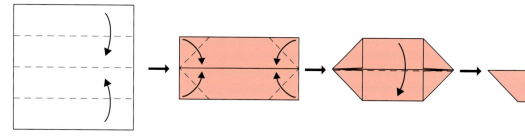

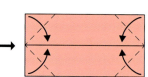 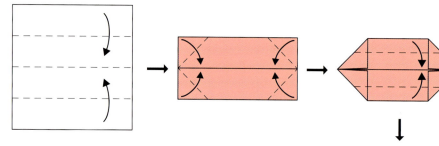

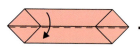 

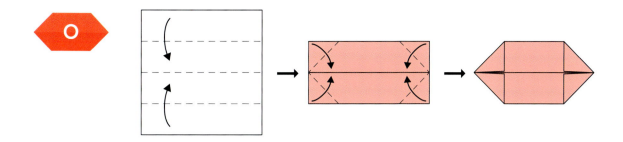

Pの折り方

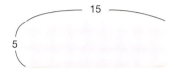

1 15×15cmのおりがみを、3等分に切って使います。おりがみの上にえんぴつを置き、端からくるくる巻いていきます。

2 最後にスティックのりをおりがみの端につけて巻きます。
★スティックのりを使うと、のりが乾いたときにしわになりません。

3 巻けました。
★かたいテーブルの上よりも、新聞紙の上で巻いた方が巻きやすいです。

4 えんぴつを抜きとります。のり代（のりをつけた部分）を上にして、指で押さえて平らにします。

ポイント
使うときはのり代が裏側になります。裏側に線を引いておくと、パーツの表・裏がすぐにわかって便利です。

パーツPのでき上がり。

4つ巻き折りの折り方

①おりがみを半分に折り、折り目をつけます。
②折り目に向かって折ります。
③そのまま巻くようにしております。
④4つ巻き折りができました。

パーツをきれいに折るポイント

きれいに折れたパーツ見本

角が合わなかったパーツ

のりでしわになったパーツ

きれいに仕上げるコツ

左右の角をきっちり合わせるために、両角を折るときは一緒に持って折ります。角がずれずにきれいに折れます。

きれいに仕上げるコツ

のりをパーツ全体につけると、のりが乾いたあとでしわになってしまいます。のりづけは隅などに少しつける程度にしましょう。台紙にパーツを貼るときも同じです。

パーツの保管について

よく使うパーツは時間のあるときに作って、ストックしておくと便利。色別にわけておくと探しやすくなります。ストックしたパーツは、使う前にもう一度指で押さえて伸ばしてから使いましょう。

台紙をアレンジしましょう

おりがみのパーツを貼る台紙のアレンジ例です。台紙を変えると壁飾りの表情も変わってくるので、いろいろ試してみましょう。

★パーツPの折り方は13ページ
★基本となる台紙は、15×15cmのおりがみの裏を使用しています

> 壁飾りをまとめるときは、マス目の入った模造紙にすき間があかないように貼ります。すべて貼れたら、額ぶち分を残して模造紙の余分を切るようにします。

一列に並べた台紙

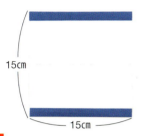

1 台紙を半分に折って折り目をつけます。片方の面に6枚ずつ、パーツPを並べてのりで貼っていきます。

2 すき間がなるべく開かないよう、またパーツどうしが重ならないように調整しながら貼っていきます。

でき上がり

たがい違いに並べた台紙

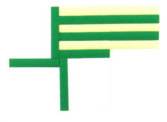

1 台紙を4つ折りにして折り目をつけます。半分の長さにカットしたパーツPを、折り目にそって縦と横がたがい違いになるようにのりで貼ります。

2 4つに区切られた面に、パーツPを5枚ずつ貼ります。台紙からはみ出した分は、裏側から台紙にそって切ります。

でき上がり

ちぎり絵の台紙

1 新聞紙の広告ページなど、カラーの紙を用意します。新聞を縦に裂いてちぎり、台紙にのりで貼っていきます。

2 貼れました。台紙からはみだした分は、裏側から台紙にそって切ります。

でき上がり

チューリップ

難易度 ✽

春の訪れを告げる、色とりどりのチューリップが咲きました。
花だんに花を植えるように、
花と葉は台紙の好みの位置に貼って楽しみましょう。

用意するもの

- 15×15cmの台紙1枚
- 花＝3.75×3.75cmで折った**E**・9枚
- こい色の葉＝7.5×7.5cmで折った**F**・2枚
- うすい色の葉＝段ボール紙や画用紙など少々
- さく＝**P**・2枚

作り方

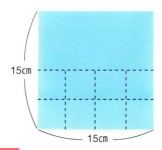

1 台紙を縦横4等分に折り、写真のように折り目をつけます。

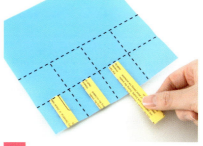

2 折り目を目安に、マス目の中間に**P**を貼ります。台紙からはみ出した**P**をハサミで切りながら貼ります。

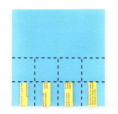

3 **P**が4枚貼れました。**P**を1枚横にして貼ります。

4 **E**を3枚貼り合わせて、花を作ります。

5 花が3つできました。うすい色の葉は、段ボール紙などを好みの形に切ります。

6 花と葉を台紙に貼ります。花と葉の根元が中心を向くように貼るとバランスが整います。

さくら

難易度 ✽

さくらの型紙 **76**ページ

台紙にさくらの切り紙を貼って作る壁飾り。花びらのすき間から、下に貼ったパーツが現れてきれいです。

作り方

用意するもの　P

- 15×15cmの台紙1枚、P・12枚
- 切り紙＝15×15cmのおりがみ1枚

1 Pをたがい違いに並べた台紙を作ります。
★台紙の作り方は15ページ

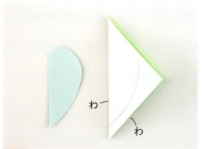

2 おりがみを4つ折りにして、さらに対角線で折ります。型紙を対角線に合わせて写します。

3 図案にそってハサミで切ります。切り紙は切り抜いた外側を使います。台紙の上に切り紙を貼ります。

ひよことクローバー

難易度 ✽

コピーした型紙の上にパーツPを貼るだけで、かんたんに壁飾りができ上がります。
ひよこの目はおりがみを手で丸くちぎって貼ると表情が豊かになります。

> ひよこ・クローバーの型紙
> **74~75**
> ページ

春

クローバー

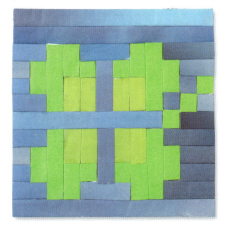

ひよこ

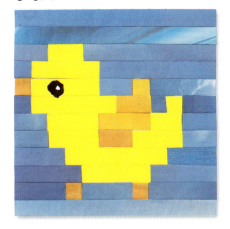

作り方

1. 型紙をコピーして、ひよことクローバーの台紙を用意します。
2. 台紙のマスの長さに合わせてPを切ります。
3. Pにのりをつけてマスに貼ります。

ポイント
マスの短い部分から順に貼っていくときれいに仕上がります。

用意するもの ━P━
- 台紙＝型紙をコピーして使用
- 背景＝P・8枚
- 葉の外側＝P・4枚
- 葉の内側＝P・2枚

用意するもの ━P━
- 台紙＝型紙をコピーして使用
- 背景＝P・10枚
- ひよこ＝P・4枚
- 羽・口ばし・足＝P・1〜2枚
- 目＝黒と白のおりがみを少々

ひよこは黄色、クローバーは緑と決めないで、好きな色で自由に作ってみてください。

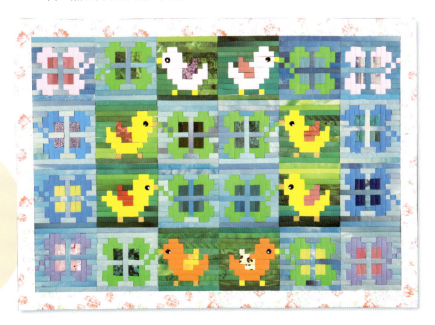

チョウ

難易度 ✿✿✿

> チョウ・触角の型紙
> **76**ページ

切り紙からのぞく模様が美しいチョウ。
パーツPを台紙に左右対称に貼ると、
きれいなしま模様ができます。

チョウの切り紙には花柄などの包装紙を使いました。まるで花畑の上をチョウが舞っているようです。

用意するもの 　P

- 15×15cmの台紙1枚
- 羽の台紙＝7.5×7.5cmのおりがみ3枚
- 羽＝**P**・14枚
- 切り紙＝15×15cmのおりがみ1枚
- 触角＝15×7.5cm（画用紙など厚みのある紙が扱いやすい）

作り方

1 羽の台紙3枚のうち、1枚は対角線で切って三角形にします。正方形の台紙は対角線を、三角形の台紙は垂直に線を引きます。

2 正方形の台紙の線にそって、台紙がかくれるように**P**を2枚貼ります。

3 **2**で貼った**P**の上側に、**P**を3枚貼ります。もう1枚の台紙にも、模様が左右対称になるように**P**を貼ります。

4 三角形の台紙の線にそって、半分の長さに切った**P**を4枚貼ります。模様が左右対象になるようにもう1枚の台紙にも貼ります。

5 台紙からはみ出した**P**をカットします。

6 カットできました。

7 15×15cmの台紙に羽の台紙を並べて貼ります。

8 型紙を使い、チョウの切り紙と触角を用意します。

9 台紙の上に切り紙を重ねて、模様がきれいに出るように貼る位置を確認します。

10 切り紙は片面ずつ台紙に貼るときれいに貼れます。片面は動かないようにクリップなどで固定すると便利です。

11 切り紙からはみ出した台紙をカットして、触角を貼ります。切り紙の浮いたところは、つまようじでのりづけします。

おひなさま

難易度 ✱✱✱

1枚でも立派に飾れる少し大きな壁飾りです。
ぼんぼりとおひなさまの顔は、
凹凸のある段ボール紙を使うと
立体感が生まれます。

顔・髪・えぼし・
しゃく・かんむり・
扇・ぼんぼりの
型紙
76ページ

用意するもの

- 25×30cmの台紙1枚
- 毛せん=7.5×15cm・2枚
- ひな台=7.5×15cm・2枚
- 屏風=15×15cmのおりがみ1枚
- 着物=15×15cmのおりがみ4枚
- 顔=段ボール紙または画用紙5×8cm
- 髪=15×15cmのおりがみ1枚
- ぼんぼりの支柱=P・2枚
- ぼんぼり=段ボール紙または画用紙5×15cm
- えぼし・しゃく・かんむり・扇=おりがみを少々

作り方

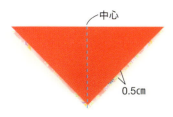
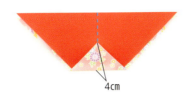

1. 着物のおりがみ2枚を対角線で半分に折ります。約0.5cmずらして2枚を重ねます。

2. 2枚を重ねたまま、角を4cm上へ折ります。

3. 中心に少しすき間をあけて、左右の角を下向きに折ります。

4. 2で折った三角形の辺にそって、左右を折り袖を作ります。

5. おびなの着物も 1〜4 と同様にして折ります。

ポイント めびなの着物は、下に重なった袖を少し上にずらして折ると華やかになります。

6. 顔を貼り、顔の裏側から髪を貼ります。

7. めびなの髪は、顔とのバランスを見ながら貼ります。

8. おびなにえぼしとしゃくを、めびなにかんむりと扇を貼ります。

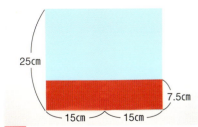
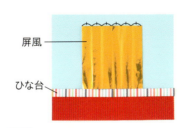

9. 台紙の上に毛せんを貼ります。

10. ひな台は7.5×15cmの紙を4つ巻き折りにして、毛せんの上に貼ります。屏風は縦に6等分の折り目をつけて貼ります。
★4つ巻き折りの折り方は13ページ

11. ぼんぼりの支柱はPを縦半分に折って使います。台紙にぼんぼりとおひなさまをバランスよく貼ります。

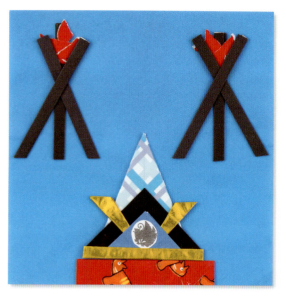

かぶと

難易度 ✿✿

立派なかぶとを飾って、端午の節句を迎えましょう。
かぶとは順番にパーツを貼るとでき上がるので、
小さなお子さまと一緒に楽しめます。

額ぶちに飾ったのはこいのぼり。かがり火の代わりに台紙に貼ってもいいですね。こいのぼりの支柱はPを縦半分に細長く折り、好みの長さに切って使います。

吹き流しの作り方

5×5cmのおりがみ4枚を4つ巻き折りします。さらに縦半分に細長く折り、1枚に3枚をはさむようにして貼ります。
★4つ巻き折の折り方は13ページ

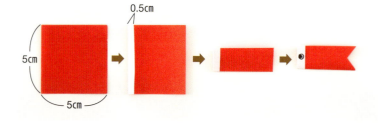

こいのぼりの作り方

5×5cmのおりがみの端を0.5cm折ります。3つ折りにして、しっぽの先をハサミで三角に切ります。目を描いてでき上がり。

用意するもの  作り方

- 15×15cmの台紙1枚
- かぶと＝7.5×7.5cmで折ったK・1枚、3.75×3.75cmで折ったH・2枚、5×5cmで折ったK・1枚、7.5×7.5cmで折ったG・1枚、P・1枚
- かぶとの飾り＝柄のおりがみ少々
- かぶとの台座＝7.5×7.5cm
- かがり火＝P・3枚、赤いおりがみを少々

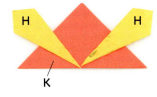

1 大きいKの上にHを2枚貼ります。Hはお好みで、縦半分に折ってもいいです。

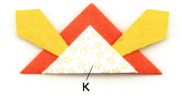

2 小さいKを重ねて貼ります。

3 かぶとを裏返してGを貼ります。

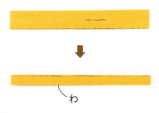

4 Pを半分に折り、細長くします。

5 半分に折ったPにかぶとをはさんで貼ります。かぶとの幅に合わせてPの両端をカットします。

6 かがり火を作ります。まずP・3枚を半分の長さに切って6枚にします。縦半分に折って細長くして、上部に赤いおりがみを手でちぎって火を貼ります。

7 P・2枚を火の根元で交差させて貼ります。

8 Pの端をそろえてカットします。かがり火を2個作ります。

9 かぶとの台座は7.5×7.5cmの紙を4つ巻き折りにして作ります。
★4つ巻き折りの折り方は13ページ

10 かぶとの飾りは、おりがみなどの柄を切り抜いて使います。

11 台紙に台座、かぶと、かがり火を貼ります。

フルーツ

難易度 ✱✱✱

キウイ・グレープフルーツ・オレンジの型紙 **77**ページ

オレンジやキウイを輪切りにした、みずみずしいフルーツを15×15cmの台紙に貼りました。オレンジやグレープフルーツを貼るときは、白いすじを十字に合わせると向きがそろいます。

夏

🍋 フルーツの飾り方はいろいろ

小さなフレームに2つ3つ貼るだけで、部屋のインテリアになります。

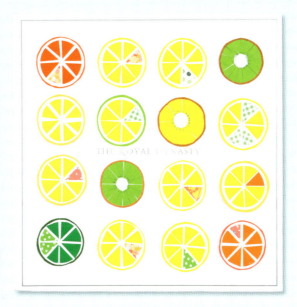

紙袋の表面にフルーツを並べて。台紙に貼らなくても、これだけで飾って楽しめます。

キウイの作り方

用意するもの

- 7.5×7.5cmの台紙1枚
- 実＝3.75×3.75cmで折った**A**・8枚
- 切り紙＝7.5×7.5cmのおりがみ1枚
- 芯＝白い紙を少々

1 台紙を4つ折りにします。台紙の角に合わせて、Aを裏向きに4枚貼ります。

2 残りのAも裏向きに4枚、台紙に貼ります。

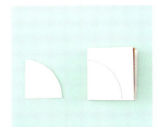

3 切り紙を4つ折りにして型紙を写します。

4 図案にそってハサミで切ります。切り紙は切り抜いた外側を使います。

5 円の周囲にのりをつけ、台紙の上に切り紙を貼ります。

6 切り紙の幅を約0.2〜0.3cm残して周囲を丸くカットします。

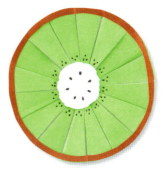

7 白い紙を手で丸くちぎり、中心に芯を貼ります。種を描きます。

グレープフルーツの作り方

用意するもの
- 15×15cmの台紙1枚
- 実＝7.5×7.5cmで折ったA・8枚、P・4枚
- 切り紙（外皮・内皮）＝15×15cmのおりがみ2枚

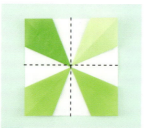

1 台紙を4つ折りにします。台紙の角に合わせて、Aを4枚貼ります。

2 残りのAを4枚、台紙に貼ります。

3 Pを縦半分に折り、細長くします。Aの境目にPを4枚貼ります。

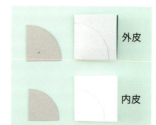

4 切り紙用のおりがみ2枚を4つ折りにします。外皮と内皮の型紙をそれぞれ写し、図案にそって切ります。

5 外皮の円の周囲にのりをつけ、内皮の上に外皮を重ねて貼ります。

6 台紙に切り紙を重ねて貼ります。キウイと同様に、外皮の幅を約0.2～0.3cm残して周囲を丸くカットします。

オレンジの作り方

用意するもの
- 7.5×7.5cmの台紙1枚
- 実＝3.75×3.75cmで折ったA・8枚
- 切り紙（外皮・内皮）＝7.5×7.5cmのおりがみ2枚

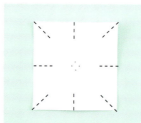

1 台紙を4つ折りにして開き、対角線で折って折り目をつけます。中心から0.3cmの位置に、十字に4か所印をつけます。

2 4か所の印にAの角を合わせて4枚貼り、残りの4枚をすき間をあけて貼ります。

3 外皮と内皮の切り紙を切り、台紙に貼ります。キウイと同様に、外皮の幅を約0.2～0.3cm残して周囲を丸くカットします。

夏

にじ

難易度 ★★

雲の型紙 **74**ページ

雨上がりに見かけると幸せな気持ちになるにじ。おりがみで作ったにじなら、消えることなくずっと飾っていられます。

用意するもの
- 15×15cmの台紙1枚、P・12枚
- にじ＝5×5cmのおりがみ5枚
- 雲＝型紙をコピーして使用

台紙を柄のおりがみに変えると、もっとかんたんに作れます。

作り方

1 5×5cmのおりがみを4つ巻き折りして、にじを5枚用意します。雲ににじを貼ります。
★4つ巻き折りの折り方は13ページ

雲の裏側

2 にじが貼れました。

3 Pを一列に並べた台紙の上に、雲とにじを貼ります。
★台紙の作り方は15ページ

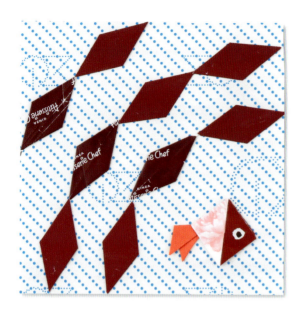

金魚

難易度 ✱

水の中で、涼しげに泳ぐ金魚たち。
壁飾りを複数つなげると、渦のパーツがつながって水の流れが現れます。

用意するもの E K

- 15×15cmの台紙1枚
- 渦＝3.75×3.75cmで折ったE・9枚
- 金魚＝3.75×3.75cmで折ったK・3枚
- 目＝白い紙を少々

作り方

1 台紙を対角線で折ります。角から10cm、13.5cm、16.5cmの位置に弧を描くように印をつけます。

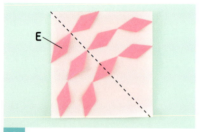

2 印の上にEを9枚貼ります。

3 Kを折って金魚のしっぽにします。台紙にK・2枚としっぽを貼り、金魚を作ります。目は白い紙を丸くちぎって、黒目を描きます。

壁飾りを4枚つないだものと、24枚つないだもの。台紙の向きを変えて配置すると水の流れに変化が出ます。

カーニバル

難易度 ✱

夏をイメージしたカラフルな飾り。
たくさん並べると、賑やかな
カーニバルの風景が浮かびます。

用意するもの

★飾るスペースに合わせて、大・小どちらか選んで作りましょう

〈大きい壁飾り〉
- 15×15cmの台紙1枚
- 7.5×7.5cmで折ったC・16枚（2色で用意）

〈小さい壁飾り〉
- 7.5×7.5cmの台紙1枚
- 5×5cmで折ったC・16枚（2色で用意）

つなげるときは、隣り合う辺をつき合わせてつなげます。モチーフが傾いて動きが出ます。

作り方　★写真は大きい壁飾りです。

1 台紙を4つ折りにして折り目をつけます。折り目にそって、2色がたがい違いになるようにCを貼ります。

2 残りのCを2色が交互に並ぶように台紙に貼ります。

アジサイ

難易度 ✻

台紙いっぱいに、大きなアジサイが咲きました。
花のように見える部分は、じつはガクといいます。
台紙の４隅に貼ったガクは、
壁飾りを４枚合わせると小さなアジサイになります。

額ぶちには7.5×7.5cmで折った葉を飾りました。包装紙の模様が葉の葉脈のような、おもしろい見え方をします。

用意するもの

- 15×15cmの台紙1枚
- 大きいガク＝7.5×7.5cmのおりがみ4枚
- 小さいガク＝5×5cmのおりがみ8枚
- 中心＝銀色のおりがみ少々

ガクの折り方

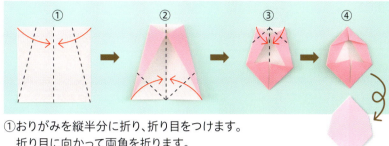

① おりがみを縦半分に折り、折り目をつけます。折り目に向かって両角を折ります。
② 下の角を折り目に向かって折ります。
③ 上の角を折り目に向かって折ります。
④ ガクが折れました。

台紙に貼るときは、小さい角が中心を向き、大きい角が外側を向くように貼ります。

作り方

1 大きいガクを4枚、小さいガクを8枚折ります。

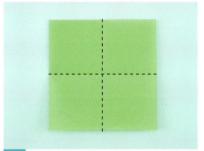

2 台紙を4つ折りにして、折り目をつけます。

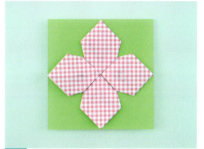

3 折り目を目安に、大きいガクを4枚台紙に貼ります。のりは中心にだけつけると、外側が浮いて立体感が出ます。

4 小さいガクを4枚、大きいガクの上に重ねて貼ります。台紙の4隅に小さいガクを貼ります。中心に丸く切ったおりがみを貼ります。

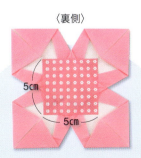

〈裏側〉
5cm / 5cm

アジサイをたくさん重ねて、紙袋に貼ってアレンジ。モチーフだけを作るときは5×5cmのおりがみにガクを貼ります。

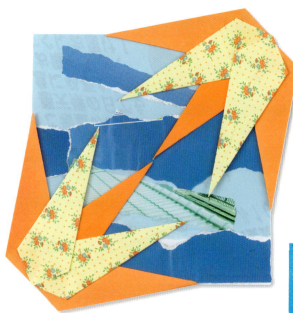

太陽

難易度 ✻✻

中心の型紙 **77**ページ

1枚だけだと形がわかりませんが、
4枚つなげると中心に大きな太陽が現れます。
空と太陽のコントラストが鮮やかです。

16枚の壁飾りをつなぎました。空は、新聞や広告のカラーページを使うとグラデーションが広がります。

紙袋や台紙に、太陽を1つ作るときのパーツHの貼り方を紹介します。

①中心を合わせて十字にHを4枚貼ります。

②①で貼った間に、Hを4枚貼ります。

③さらにその間にHを4枚ずつ貼り、太陽の中心を貼ります。

夏

用意するもの H

- 15×15cmの台紙1枚、裂いた紙適宜
- 太陽＝7.5×7.5cmで折ったH・10枚
- 中心＝型紙をコピーして使用、金や銀色のおりがみ適宜

作り方

1 15×15cmの台紙に裂いた紙を貼り、ちぎり絵の台紙を作ります。
★台紙の作り方は15ページ

2 台紙の左下の角に合わせてHを貼ります。

3 台紙の辺とHの中心線を合わせて、Hを2枚貼ります。

4 2と3で貼ったHの間にHを2枚貼ります。

5 台紙の右上の角にもHを5枚貼ります。同じ壁飾りをもう1枚、作ります。

6 台紙の左上と右下にHを貼った壁飾りを2枚作ります。

7 4枚の壁飾りを合わせてパーツ部分を貼ります。中心に大きな太陽が現れます。

8 金や銀色のおりがみをちぎって貼った、太陽の中心を貼ってでき上がり。

田と赤とんぼ

難易度 ＊

こがね色に稲穂が実った田や畑の上を、
赤とんぼが飛び交います。とんぼの目線になって、
田畑を空から眺めた視覚の楽しい1枚です。

用意するもの

- 15×15cmの台紙1枚
- 池＝7.5×7.5cmのおりがみ1枚
- 田んぼ＝**P**・6枚
- 畑（野菜や花）＝**P**・6〜7枚
- とんぼの胴体＝5×5cmで折った**H**・1枚
- とんぼの羽＝3.75×3.75cmで折った**M**・4枚

4枚つないだ小さな壁飾り。額ぶちには家と木を飾りました。
★家と木の作り方は56ページ

作り方

1 台紙を4つ折りにして折り目をつけます。折り目にそって池を貼ります。

2 Pを6枚並べて貼り、田んぼを作ります。茶色の台紙に貼ると、すき間があいても目立ちません。

3 赤や緑色のPを6〜7枚台紙に貼り、花や野菜の畑を作ります。台紙からはみ出した部分は裏側からハサミでカットします。

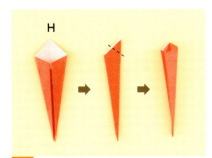

4 とんぼを作ります。胴体のHを縦半分に折り、角を内側へ折ります。

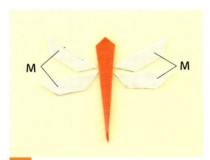

5 台紙に貼るときは、胴体の横にバランスを見ながらMを4枚貼ります。

6 台紙の好みの位置にとんぼを貼ります。

もみじの ステンドグラス

難易度 ✶✶

ちぎり絵の台紙にもみじを貼って、
美しいステンドグラスをイメージしました。
黒い枠をつけると、ガラスをつなぎ合わせた
雰囲気がよく出ます。

台紙に貼るちぎり絵は、おりがみよりも新聞紙やチラシのカラー部分がおすすめ。繊細さが表現できます。

壁飾りをつなぐときは、隣どうしすき間があかないように貼り合わせましょう。黒のおりがみを細長く切ったものを間に貼り、枠にします。紙袋にもみじのモチーフを貼るだけでも手軽に楽しめます。

用意するもの E

- 15×15cmの台紙1枚、裂いた紙適宜
- もみじの台紙（黒）＝15×15cmのおりがみ1枚
- 枠（黒）＝もみじの台紙の残りのおりがみを使用
- もみじ＝5×5cmで折ったE・5枚、3.75×3.75cmで折ったE・2枚
- もみじの軸＝2.5×5cm

作り方

1 もみじの台紙を対角線で折り、折り目をつけます。

2 番号順に、大きいEを5枚貼ります。①は対角線の中心より1cm下げて貼り、残りのEは少しすき間をあけて貼ります。

3 小さいEを貼ります。もみじの軸は、おりがみを4つ巻き折りにしたものを、くの字に折って台紙に貼ります。
★4つ巻き折りの折り方は13ページ

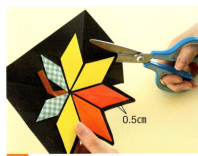

4 もみじの周りの台紙を約0.5cm残して切り抜きます。切り抜いた台紙の残りは枠用に残しておきます。

5 切り抜きました。

6 15×15cmの台紙に裂いた紙を貼り、ちぎり絵の台紙を作ります。もみじの葉先を台紙の辺につき合わせて貼ります。
★台紙の作り方は15ページ

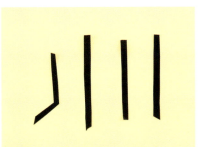

7 **4**の台紙の残りを、約0.5cm幅に細長く切り、枠を作ります。カッターよりハサミで切ったほうが、幅にむらが出て雰囲気が出ます。

8 台紙の辺に届かなかったもみじの葉先や軸の先に、枠を貼ります。台紙からはみ出した枠を切ってでき上がり。

お月見

難易度 ✽✽✽

月の型紙 **77**ページ

大きな満月を背景に、かわいいうさぎを作りましょう。うさぎはパーツの大きさを変えたり、耳を折ったり、自分好みにアレンジできます。

紙袋にモチーフを貼った、かんたん壁飾り。月は段ボール紙でアレンジしました。

皆で作った壁飾り。うさぎは正面を向いていたりおしりを向けていたり、親子で並んでいたりさまざまです。

用意するもの

- 15×15cmの台紙1枚、P・12枚
- 月の切り紙＝17×15cm・1枚
- うさぎの頭と体＝7.5×7.5cmで折ったL・2枚
- うさぎの耳＝3.75×3.75cmで折ったF・2枚
- うさぎのしっぽ＝おりがみを少々

作り方

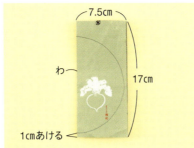

1 17×15cmの紙を半分に折り、下を1cmあけて月の型紙を写します。図案にそってハサミで切ります。

2 月の切り紙が切れました。台紙にPを12枚並べて貼ります。
★台紙の作り方は15ページ

3 台紙と切り紙の下の辺を合わせて貼ります。

4 切り紙の残りを使って、お好みで丘を貼ります。

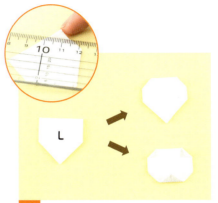

5 うさぎの頭と体は、Lの角を2か所折ったものと、Lの角を3か所折ってのりづけしたものを使います。紙が重なり厚い部分は、定規を当てるときれいに折れます。

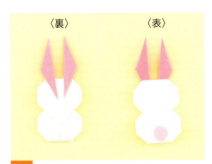

6 **5**で角を折ったパーツLを2枚組み合わせて貼ります。耳と、手で丸くちぎったしっぽを貼って後ろ向きのうさぎを作ります。

ポイント

前向きのうさぎや耳折れ、おしりの小さなうさぎなど、基本のうさぎをアレンジして自由に作ってみましょう。5×5cmのおりがみでLを折ると、小さなパーツができます。

7 うさぎを台紙に貼ってでき上がり。

ハロウィン

難易度 ✱✱

コウモリ・月・ドーナツの型紙 **77ページ**

魔女のとんがり帽子に囲まれて、コウモリが羽を広げます。台紙やとんがり帽子に柄のおりがみを使うと、明るくポップに仕上がります。

額ぶちには黒猫と美味しそうなドーナツを飾りました。ドーナツは凹凸のある段ボール紙を使うと、立体感が出ます。
★黒猫の作り方は66ページ

たくさんつなげると、帽子の頂点が合わさって丸く模様が浮かびます。"HALLOWEEN"の文字は、パーツPを組み合わせて貼ります。
★アルファベットの作り方は72ページ

ドーナツの作り方

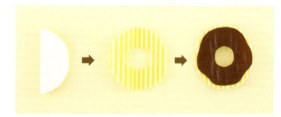

段ボール紙のドーナツの上に、おりがみのチョコレートを貼り、細かく切ったトッピングで飾ります。トッピングは、色画用紙など厚みのあるものが扱いやすくておすすめです。

秋

用意するもの M G E K

- 15×15cmの台紙1枚
- 中心＝7.5×7.5cm・1枚
- 帽子＝7.5×7.5cmで折ったM・4枚、7.5×7.5cmで折ったG・4枚
- 帽子のリボン＝5×5cmのおりがみ・1枚
- コウモリの体（黒）＝3.75×3.75cmで折ったE・3枚
- コウモリの羽（黒）＝5×5cmで折ったK・2枚
- コウモリの目＝金色のおりがみを少々
- 月＝7.5×7.5cmの段ボール紙

作り方

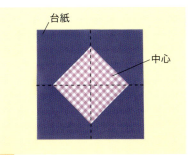

1 台紙を4つ折りに、中心を対角線で折って、それぞれ折り目をつけます。折り目を合わせて、台紙の上に中心を貼ります。

2 中心の辺に合わせてMを4枚貼ります。

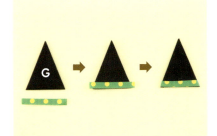

3 Gの端に、幅約0.5cmに切ったリボンを貼ります。リボンの両端はGの裏側に折って貼ります。

4 Gの頂点を台紙の角に合わせて4枚貼ります。

5 コウモリの型紙の上でEを裏向きに2枚重ね、パーツどうしをのりで貼ります。のりは型紙につけないように気をつけます。

6 Eを半分に折り、型紙に合わせてパーツどうしを貼ります。

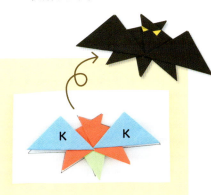

7 表に返してKを2枚貼り、コウモリの羽を作ります。おりがみを三角形に切った目を貼ります。

8 台紙の中央に月を貼り、コウモリを上に重ねて貼ります。

ケーキと
マグカップ

マグカップの型紙 **78**ページ

難易度 ✶✶

おいしいケーキと飲みもので、
ほっと一息つきたくなる壁飾り。
基本のショートケーキをアレンジすると、
チョコレートケーキや抹茶ケーキも作れます。

空き箱にモチーフを貼るだけでも手軽に楽しめます。レースペーパーをテーブルクロスに見立てて貼ると、上品な雰囲気に。

用意するもの

- 15×15cmの台紙1枚
- テーブルクロス＝5×5cmで折ったK・9枚
- マグカップの台紙＝3種類の型紙から選んで使用
- マグカップ＝P・4枚
- ケーキの台紙＝3.75×3.75cm・1枚
- スポンジ＝5×5cmのおりがみ3枚
- クリーム＝3.75×3.75cmで折ったE・3枚
- いちご＝赤い画用紙を少々
- お皿＝P・1枚

作り方

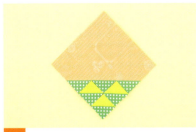

1 台紙にKを9枚貼ります。

2 マグカップの台紙に、半分の長さに切ったPを6枚貼ります。

3 台紙からはみ出したPをハサミで切ります。

4 P・1枚を縦半分に折り、細長くします。7.5cmの長さに切り、2か所折り曲げて持ち手をつけます。

5 ケーキを作ります。スポンジは3枚のおりがみを4つ巻き折りにして使います。
★4つ巻き折りの折り方は13ページ

6 ケーキの台紙にスポンジを貼ります。

7 E・3枚を半分に切り、クリームを作ります。

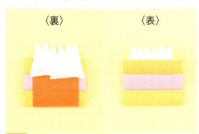

8 スポンジの裏側から、クリームを6枚重ねて貼ります。

9 クリームの裏からいちごを貼ります。お皿はPを縦半分に細長く折り、ケーキをはさんで貼って両端を斜めに切ります。

ポイント

スポンジの色やクリームの上の飾りをアレンジすると、いろいろなケーキが作れます。クリームは段ボール紙を山形に切ったものでも代用OK。

10 台紙にマグカップとケーキを貼ってでき上がり。

クリスマス

難易度 ✳︎✳︎

賑やかなクリスマスがやってきました。プレゼントは、ラッピングの包装紙を選ぶように柄合わせを楽しみましょう。

リース・プレゼントのリボンの型紙 **78**ページ

プレゼント①　リース

プレゼント②　プレゼント③

用意するもの K G J P O

- 15×15cmの台紙1枚
- リースの台紙＝型紙をコピーして使用
- リース＝5×5cmで折ったK・8枚（2色で用意）
- リースのリボン＝5×5cmで折ったG・4枚、5×5cmのおりがみ1枚
- プレゼント①＝7.5×7.5cmで折ったJ・1枚
- プレゼント②＝7.5×7.5cmで折ったJ・1枚、3.75×3.75cmで折ったG・4枚、P・1枚、
- プレゼント③＝7.5×7.5cmで折ったO・1枚
- プレゼントの飾り・リボン＝おりがみを少々

作り方　★プレゼント①・②・③とリースを作り、台紙に貼ります。

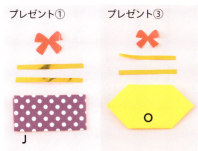

プレゼント①　プレゼント③

1 プレゼント①はJを半分に折ります。プレゼント①のJと、③のOにおりがみを細長く切った飾りとリボンを貼ります。

プレゼント②

2 プレゼント②はJの上に同じ長さに切ったPを貼ります。台紙にJを貼り、Gを4枚貼ってリボンを飾ります。

3 リースの台紙の上に、Kを8枚貼ります。まず上下に2枚貼ってから外周を合わせるように残りを貼ります。

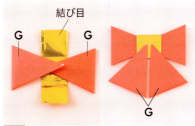

結び目　G　G　G

4 5×5cmを3つ折りにしてリボンの結び目を用意します。結び目を縦にして置き、中心にGを2枚重ね、結び目を巻いて貼ります。裏側にGを2枚貼ります。

リースを小ものにアレンジしましょう

リースの裏側にセロハンテープでリボンを貼ると、ツリーに飾るかんたんオーナメントのでき上がり。また、リースをピラミッド型に並べて台紙に貼ると、ツリーの形をした壁飾りが作れます。

雪の結晶

難易度 ✻✻

六角形の型紙 **78**ページ

放射状に広がる、幾何学模様が美しい雪の結晶。結晶の中心は、金や銀などのカラーホイルのおりがみを使うとキラキラ輝きます。

結晶の色が薄いときには濃い色の土台を、結晶の色が濃いときには薄い色の土台を選ぶと輪郭が引き立ちます。

紙袋を使ったアレンジ作品。六角形を先に貼り、上から中心を貼ると印象が変わります。

冬

用意するもの

- 17.5×15cmの台紙1枚
- 六角形の台紙＝型紙をコピーして使用・6枚
- 六角形の結晶＝P・12枚
- 結晶の中心＝3.75×3.75cmで折ったE・6枚

作り方

1 六角形の台紙の上に、半分の長さに切ったPを4枚並べて貼ります。

2 型紙からはみ出したPをハサミでカットします。

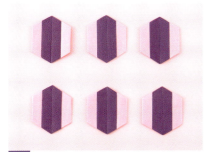

3 同じように、Pを貼った六角形を6枚用意します。

4 台紙を4つ折りにして、型紙を中心に合わせて、六角形の頂点に印をつけます。

5 印を目安に、Eを放射状に貼って結晶の中心を作ります。

6 六角形の結晶をまず台紙の上下に貼ります。

7 上下に貼った六角形の頂点を合わせて、左側に2枚貼ります。

8 右側に2枚貼ってでき上がり。

もっとかんたんに作りたい人は

六角形の結晶は、おりがみ1枚だけでも作ることができます。7.5×7.5cmのおりがみの上に型紙を置き、型紙に合わせて辺を折るとでき上がりです。

はんてんとちゃんちゃんこ

難易度 ✳✳

はんてんの袖・ちゃんちゃんこの胴脇の型紙 **78**ページ

和柄の包装紙やおりがみをいかして作りたい、はんてんとちゃんちゃんこ。
えりは黒や紺色など、濃い色を合わせると色が引き締まります。

はんてん

ちゃんちゃんこ

用意するもの

- 15×15cmの台紙1枚
- はんてん＝15×15cmのおりがみ2枚
- 胴裏＝15×5cm
- えり＝15×3.75cm
- リボン＝はんてんのおりがみの残り

用意するもの

- 15×15cmの台紙1枚
- ちゃんちゃんこ＝15×15cmのおりがみ2枚
- 胴裏＝15×5cm
- えり＝15×3.75cm
- リボン＝ちゃんちゃんこのおりがみの残り

梅の絵が描かれた包装紙を使って、はんてんを作りました。市松模様や矢柄など和柄のおりがみもよく合います。胴裏には、おりがみなどのはっきりした色よりも、新聞のカラーページなど優しい色を合わせると全体に馴染みます。

はんてんの作り方 ★はんてんとちゃんちゃんこを作り、それぞれ台紙に貼ります。

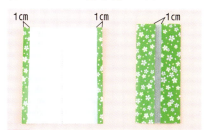

1 おりがみの両端を1cm内側に折ります。中心を1cmあけて折りぐせをつけます。

2 おりがみをいったん開き、胴裏を中心に置いて元に戻します。

3 おりがみの上下を裏側に3cmずつ折ります。

4 もう1枚のおりがみに、袖の型紙を合わせます。わ以外の周囲に1cmのり代をつけて切ります。袖を2枚用意します。

5 2枚の袖を左右対称に置き、型紙を合わせてのり代を折ります。下の辺は本体に貼るので、折らないでおきます。

6 型紙を取り外します。袖の向きに気をつけて、ちゃんちゃんこ本体に貼ります。

7 えりは15×3.75cmを4つ巻き折りします。えりの中心を押さえて、えり元で直角に折り、ちゃんちゃんこに貼ります。
★4つ巻き折りの折り方は13ページ

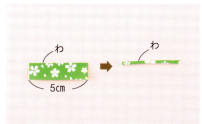

8 おりがみの残りを使ってリボンを作ります。長さ5cmを半分に折り、わ側を細長く切ったものを2本用意します。

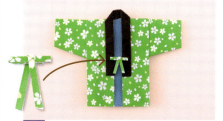

9 リボンの1本は3つ折りに、もう1本は半分に折り、はさんで本体に貼ります。

ちゃんちゃんこの作り方

1 おりがみに胴脇の型紙を合わせ、わ以外の周囲に1cmのり代をつけて切ります。胴脇を2枚用意します。

2 上下ののり代を折ります。のり代は内側に畳んでおくと、台紙に貼ったときにのり代がはみ出して見えません。

3 ちゃんちゃんこの本体の作り方は、はんてんと同じです。本体に胴脇を貼ります。リボンを貼ってでき上がり。

富士山

難易度 ✶

お正月に飾りたい、おめでたい富士山とご来光。
富士山は赤いパーツで作ると
赤富士にもなります。台紙で印象が変わるので、
ポップにも和風にも楽しめます。

太陽の型紙
77ページ

用意するもの G

- 15×15cmの台紙1枚
- 富士山＝5×5cmで折ったG・21枚
- 太陽＝7.5×7.5cm

作り方

1 Gを21枚並べて、富士山の配色を考えます。下の段に濃い色を、上の段になるにつれて薄く配色するとグラデーションがきれいです。

2 台紙に下の段から順にGを16枚貼ります。台紙に太陽を貼り、残りのGを貼ります。

冬の野菜

難易度 ✽

かぶの葉の型紙 **74**ページ

冬の畑から収穫された、美味しそうな野菜たち。それぞれ小さな額に見立てた台紙に貼りました。

用意するもの

きのこ

- かさ＝3.75×3.75㎝で折った **K**・1枚
- じく＝3.75×3.75㎝で折った **H**・1枚

作り方 ★野菜を作り、それぞれ台紙に貼ります。

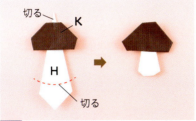

1 **K**の3つの角を裏側へ折りかさを作ります。かさの裏側にじくを貼り、じくをカットしてでき上がり。

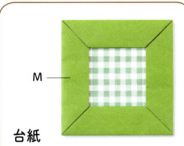

台紙
7.5×7.5㎝のおりがみに、7.5×7.5㎝で折った **M** を4枚貼ります。

にんじん

- 実＝3.75×3.75㎝で折った **B**・1枚
- 葉＝3.75×3.75㎝のおりがみ1枚

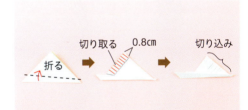

1 葉を対角線で折り、折り筋で折ります。0.8㎝分切り取り、ハサミで切り込みを入れます。

2 葉を開き、爪でカールさせます。**B**の2つの角を裏側へ折り、根元を細く折った葉を貼ってでき上がり。

かぶ

- 実＝5×5㎝で折った **L**・1枚
- 葉＝5×5㎝

1 **L**の2つの角を裏側へ折ります。

2 葉を3枚用意して、**L**の裏側に貼ってでき上がり。

バレンタインのハート

難易度 ✻✻

2つのハートが並んだキュートな壁飾り。
台紙はチョコレートをイメージして茶色にすると、
バレンタイン感がアップします。
台紙やハートの色を変えれば、一年中楽しめます。

たくさん作るときは、台紙を縦にして貼ったハートと、横にして貼ったハートの2種類を作るのがおすすめ。並べ方で変化が出せます。

ハートのパーツで作った小ものたち。左はそうめんの空き箱を利用して、内側にハートを貼り、リボンで仕切ったものです。机の上や窓辺にこのまま立てて飾れます。右はチョコレートを入れて贈れるように、紙袋にハートを貼りました。銀紙がアクセントです。

用意するもの

- 15×15cmの台紙1枚、P・8枚（2色で用意）
- ハートの台紙＝3.75×3.75cmのおりがみ2枚
- ハート＝7.5×7.5cmで折ったL・4枚、3.75×3.75cmで折ったK・4

作り方

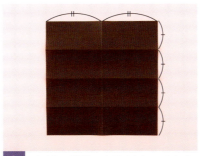

1 台紙の縦横に折り目をつけます。

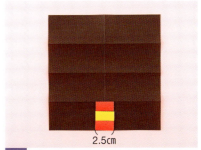

2 2.5cmの長さに切ったPを3本、折り目を目安に並べて貼ります。

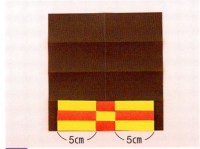

3 5cmの長さに切ったPを3本ずつ、両隣に市松模様に色が並ぶように貼ります。

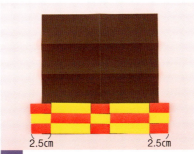

4 2.5cmの長さに切ったPを3本ずつ、両隣に貼ります。台紙からはみ出した部分はハサミでカットします。

5 台紙の上側にも、2〜4と同様にPを貼ります。

6 ハートの台紙にKを2枚貼ります。

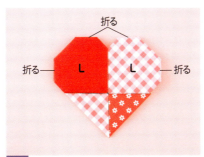

7 Lの両角を裏側へ折り、台紙に2枚貼ります。ハートを2つ作ります。

8 台紙にハートを貼ってでき上がり。

パーツで作ってみましょう①

小さな家と木

基本のパーツA〜Pを使って、愛らしい家と木を作りましょう。
パーツの組み合わせ方次第で、作れる形は無限大！額に入れて飾ったり、手紙にそえたり、アイデア次第でいろいろな小ものにアレンジできます。

Lの角を折る

家の作り方
紙の上に、家の壁と屋根のパーツをつき合わせて貼り、家の形にそって紙を切り抜きます。好みの長さに切ったPをドアや窓に見立てて自由に貼りましょう。

58ページの「ハウス」の額ぶち部分。木を並べて、緑に囲まれた家をイメージしました。

家と木はたくさん作りためておいて、画用紙に自由に並べるのも楽しいですね。

家と木を
小ものにアレンジ！

風景のミニ額

空と地面、家と木を貼った風景を写真フレームに飾りました。右の空はちぎり絵で、左の空はパーツPを並べた星空の風景です。ご自分の好きな風景をパーツで描いてみてもいいですね。

空き箱のジオラマ

お菓子の空き箱を利用したアイデア。箱の底に、街並みを貼ってジオラマ風にしました。箱の底に貼ることで、奥行きが生まれます。箱の表面にもモチーフを貼ると、リバーシブルに飾れます。

絵手紙

ポストカードや手紙、封筒などに小さな家を貼って送りましょう。手作りならではの温かさが伝わります。

ハウス

難易度 ✻✻

皆が住みたい、憧れの家が集まりました。
基本の形は2パターンですが、窓の数を増やしたり、ドアの形を変えたり、自由にアレンジを楽しんで。

ハウス①の
屋根・壁の
型紙
79ページ

ハウス①

用意するもの ▬▬P▬▬ ◀K

- 15×15cmの台紙1枚
- 屋根・壁の台紙＝型紙をコピーして使用
- 屋根＝P・3枚、7.5×7.5cmで折ったK・2枚、3.75×3.75cmで折ったK・2枚
- 右側の壁＝P・3枚
- 左側の壁＝P・2枚
- ドア、窓、煙突、地面＝P・各1枚

ハウス②

用意するもの ▬M ◀K ▬▬P▬▬

- 15×15cmの台紙1枚
- 屋根＝15×13cmで折ったM・1枚
- 三角屋根＝3.75×3.75cmで折ったK・2枚
- 壁の台紙＝5×10cm
- 壁＝P・4枚
- ドア、窓、煙突、地面＝P・各1枚

作り方　ハウス①

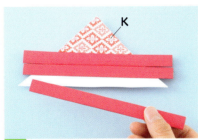

1 屋根の台紙に大きいKを1枚、Pを3枚貼ります。台紙からはみ出したPは裏側からカットします。

2 壁の台紙を用意します。半分の長さに切ったPを、左側に横4枚、右側に縦5枚貼ります。台紙からはみ出したPはカットします。

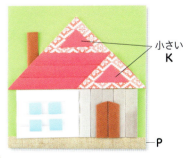

3 写真を参照して台紙に各パーツを貼ります。ドア、窓、煙突は好みの長さに切ったPを貼ります。

ハウス②

1 壁の台紙にPを4枚貼ります。台紙からはみ出したPは裏側からカットします。

2 壁に好みの長さに切ったPを貼り、ドアと窓を作ります。

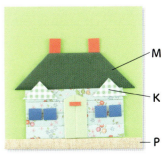

3 写真を参照して台紙に各パーツを貼ります。煙突は好みの長さに切ったPを貼ります。

トランプ

難易度 ＊＊

ダイヤの型紙 **78**ページ

トランプの4つの模様、
スペード、ハート、ダイヤ、クラブ。
赤や黒系のおりがみで作ると統一感が出ます。

たくさんつなぐときは、台紙にモチーフを2つずつ貼ったものをつなぎます。4枚合わせると格子模様が現れます。

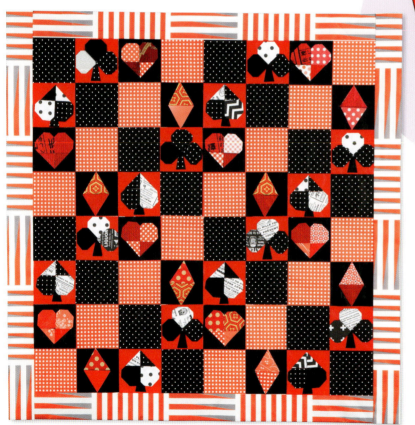

モチーフを紙袋に貼ってアレンジ。赤や黒の紙袋に貼るとモチーフも馴染みます。

用意するもの

- 台紙＝15×15cmのおりがみに、7.5×7.5cmのおりがみを2枚貼る

〈スペード〉
- 台紙＝3.75×3.75cm
- 7.5×7.5cmで折った **L**・2枚
- 3.75×3.75cmで折った **K**・2枚
- 3.75×3.75cmで折った **I**・1枚

〈ハート〉
- 台紙＝3.75×3.75cm
- 7.5×7.5cmで折った **L**・2枚
- 3.75×3.75cmで折った **K**・2枚

〈ダイヤ〉
- 7.5×7.5cmのおりがみ2枚

〈クラブ〉
- 台紙＝3.75×3.75cm
- 7.5×7.5cmで折った **L**・3枚
- 3.75×3.75cmで折った **I**・1枚

台紙

作り方 ★各モチーフを作り、台紙に貼ります。ハートの作り方は54〜55ページ参照。

スペード

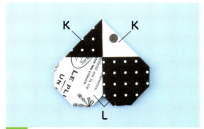

1. 54〜55ページを参照して、ハートと同じ作り方でスペードの上部を作ります。

2. スペードの上部の裏側に、Iを貼ってでき上がり。

ダイヤ

1. おりがみを4つ折りにして折り目をつけます。上の辺から約0.1cm下にずらして型紙を置きます。

2. 型紙に合わせておりがみを折ります。

3. 型紙を取り外します。型紙をずらして折ることで、頂点がきれいに折れます。

4. 1〜3と同様に、反対側も型紙に合わせて折ります。

5. 4を半分に折ります。2枚作り、わ側をつき合わせて台紙に貼ります。

クラブ

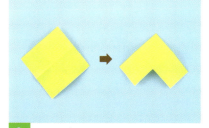

1. クラブの台紙を4つ折りにして折り目をつけます。折り目にそって、1マス分切ります。

2. Lの両角を裏側に折ります。台紙のマス目に合わせてLを貼ります。

3. 残りのLも両角を折ります。2枚を約0.5cm重ねて台紙に貼ります。クラブの上部ができました。

4. クラブの上部の裏側に、Iを貼ってでき上がり。

リボンのフレーム

> 雪だるまの型紙 **79**ページ

難易度 ❋

台紙に並んだ4つのリボン。
中央部分に好きなモチーフや写真を貼ると、
そのままフレームとして飾れます。

雪だるまのモチーフと、ペットの写真を飾ったもの。
雪だるまは、帽子やマフラーを飾ってもいいです
ね。中に貼るものを変えれば、一年中楽しめます。

用意するもの J

- 15×15cmの台紙1枚
- リボン＝7.5×7.5cmで折ったJ・8枚
- リボンの中心＝3.75×3.75cmで折ったJ・4枚

1 リボンは、Jの4隅を中心に向かってもう1度折ったものを使います。

2 台紙を4つ折りにして折り目をつけます。折り目にそって、1を8枚貼ります。

3 リボンの中心を貼ってでき上がり。

一年中

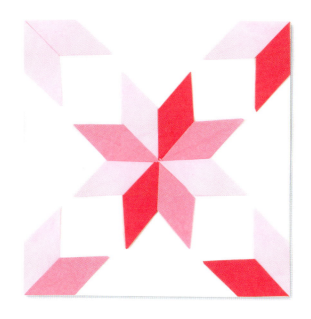

四季

難易度 ✽

1種類のパーツだけで作る、シンプルな壁飾り。
パーツの色に濃淡をつけると変化が出ます。

用意するもの E

- 15×15cmの台紙1枚
- 3.75×3.75cmで折ったE・16枚

作り方

1. 台紙を4つ折りにして折り目をつけます。
2. 折り目を目安に、台紙の中央部分と4隅にEを16枚貼ります。

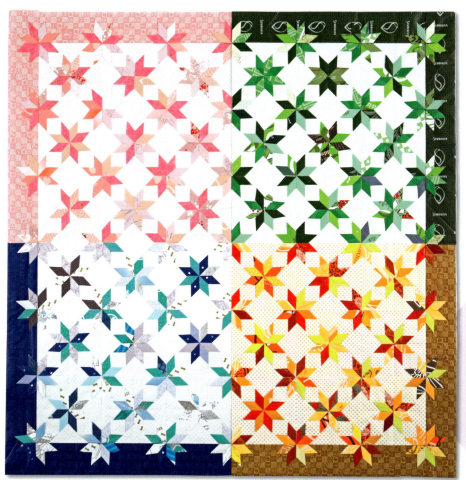

ピンク、緑、黄色、青の4色で四季を表現。額ぶちの部分にもパーツを貼ると、さらに模様が広がります。

モザイクタイル

難易度 ✻✻

パーツPを細かく切って、
タイルのように台紙に貼った壁飾り。
パーツは均一に切らなくても大丈夫。
多少長さが違う方がタイルらしく仕上がります。

青系のタイルを並べてさわやかに。額ぶちには5×5㎝で折ったKを貼り、波のような模様を作りました。

モザイクタイルの飾り方いろいろ

そうめんが入っていた木箱のふたを利用して、パーツを貼りました。イーゼルなどに立てかけて飾ってもすてきですね。

壁飾りに穴をあけて、縦に3枚つないだアイデア。縦長になるので、狭いスペースにも飾りやすくておすすめです。

用意するもの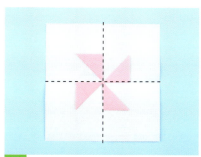

- 15×15cmの台紙1枚
- 外側のタイル＝**P**・5～6枚
- 中側のタイル＝**P**・4～5枚
- 内側のタイル＝**P**・3～4枚
- 中心＝5×5cmで折った**K**・8枚（2色で用意）、3.75×3.75cmで折った**B**・4枚

作り方

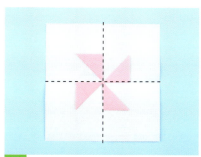

1 台紙を4つ折りにして折り目をつけます。折り目にそって、中心に**K**を4枚貼ります。

2 色違いの**K**を4枚、台紙の中心に貼ります。

3 **P**を約1cmの長さにカットして、タイルを用意します。

4 タイルは切り口の方向にすき間をあけて貼ります。まず内側を貼り、次に外側のタイルを貼ります。

5 タイルの貼り終わりは、**P**の長さを調整して貼ります。

6 中側のタイルを貼ります。

7 中側のタイルが貼れました。

8 中央部分に**B**を4枚貼ってでき上がり。

猫

しっぽの型紙 **78ページ**

難易度 ✲✲

積み上げたブロックの上で、猫が楽しそうに遊んでいます。ブロックの位置や数は自由にアレンジして台紙に貼ってみましょう。

ブロックを増やして、階段のように配置。猫をたくさん飾ると賑やかになります。

いろいろなポーズの猫たち。下の猫は、体の裏側に3.75×3.75cmで折ったKを貼り、足をつけました。

66

用意するもの

- 15×15cmの台紙1枚
- ブロック大＝7.5×7.5cmで折ったM・6枚、3.75×3.75cmで折ったK・6枚
- ブロック中＝3.75×3.75cmで折ったK・4枚
- ブロック小＝3.75×3.75cmで折ったK・2枚
- 猫の頭＝5×5cmで折ったL・1枚
- 猫の耳＝3.75×3.75cmで折ったK・1枚
- 猫の体＝3.75×3.75cmで折ったOもしくはG・1枚
- 鈴・しっぽ＝おりがみを少々

作り方

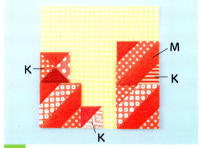

1 台紙にブロックの各パーツを貼って、ブロック大・中・小を作ります。

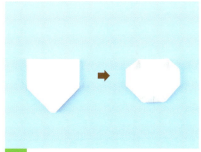

2 猫の頭を作ります。Lの3つの角を折ります。

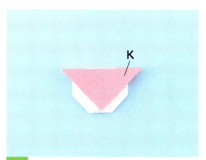

3 Lの裏側にKを貼り、耳をつけます。

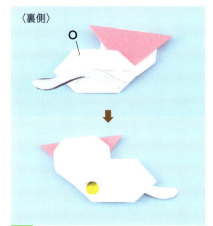

4 頭の裏側に体としっぽを貼ります。おりがみを丸く切った鈴を貼ります。

5 体のパーツをGに変えると、座ったポーズの猫になります。

6 台紙に猫を貼ってでき上がり。

焼きもの
コレクション

焼きものの型紙 **79**ページ

難易度 ✽✽

つぼや茶わんのコレクションが、
たくさん棚に並びました。焼きものには、
和柄や薄茶色などの包装紙がよく合います。

焼きものに合う紙を集めました。和菓子の包み紙や紙袋などがおすすめです。

用意するもの

- 15×15cmの台紙1枚
- P・6枚
- 焼きもの＝15×15cm

作り方

1 台紙を4等分に折り、折り目をつけます。

2 Pを左端に1枚、中心線の右側に1枚置きます。台紙にはまだ貼りません。

3 折り目にそって、Pを2枚置きます。

4 台紙の空いているスペースに等間隔にPを2枚置きます。

5 焼きものを台紙の上に重ねて位置を決めます。焼きものの左右の端が、台紙の黒に重なるようにします。

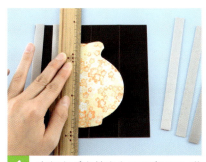

6 定規などを焼きものに当てて、動かないように固定します。Pをいったん台紙から外します。

7 焼きものの片側にのりをつけて、台紙に貼ります。もう片側も、Pをいったん台紙から外して貼ります。

8 4の位置にPをのりで貼ってでき上がり。

かきつばた

難易度 ✿✿

かきつばたは初夏に咲く花ですが、
台紙によってイメージが変わります。
和柄や金色の台紙を合わせれば、
お正月の時期や和室にも合う
壁飾りになります。

台紙を金色のおりがみにすると豪華絢爛。最近の100円ショップには、金や銀色のおりがみだけのセットも売っています。

かきつばたを、紙袋に貼ってアレンジ。持ち手を金色のリボンで巻いて、華やかさをプラスしました。

一年中

用意するもの E H K

- 15×15cmの台紙1枚
- 大きい花＝5×5cmで折ったE・3枚、3.75×3.75cmで折ったE・3枚
- 小さい花＝3.75×3.75cmで折ったE・3枚
- 葉＝7.5×7.5cmで折ったH・2枚、5×5cmで折ったH・5枚
- 石＝5×5cmで折ったK・3枚

作り方

1 台紙にKを3枚貼り、石を作ります。

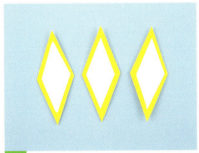

2 大きい花を作ります。まず、大きいEに小さいEを重ねて貼ります。

3 花びら2枚を重ねて貼ります。

4 3枚目を重ねて貼ります。小さい花も同様に、Eを3枚重ねて貼ります。

5 小さいHを縦半分に折り、石の辺に合わせて、5枚貼ります。

ポイント

葉は全体にのりづけをしないで、根元の部分にだけつけます。葉先が浮き、立体感が出ます。

6 大きいHを縦半分に折り、2枚貼ります。

7 大・小の花のバランスを見て台紙に貼ります。

パーツで作ってみましょ ②
アルファベット

パーツPを組み合わせると、アルファベットなどの文字も作れます。A〜Zまでの文字をサンプラーのように並べたり、好きな文字だけを台紙に貼って飾ったり、楽しみ方はいろいろです。

アルファベットの作り方

長さ7.5cmのPと、長さ3.75cmのPの、2つの長さのPを組み合わせて文字を作ります。
BとDは、文字の形に貼った後、★の部分をハサミで切り落とします。

額ぶちに文字を飾りたいときにもおすすめ。42ページの「ハロウィン」の額ぶちには、"HALLOWEEN"の文字を貼りました。

パーツで作ってみましょう ③

パズル

中心から模様が広がった、パズルのような壁飾り。
15×15cmの台紙に、4つ折りもしくは対角線に折り目をつけて、
4つの面にパーツを対称に並べてみましょう。
パーツは濃淡をつけて貼ると、グラデーションがきれいです。

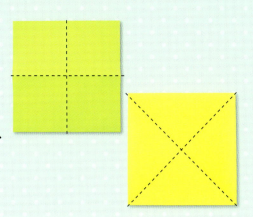

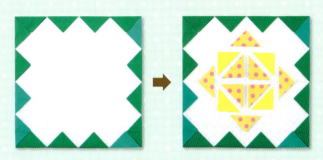

用意するもの
3.75×3.75cmで折ったK・28枚

作り方
①台紙を4つ折りにして折り目をつけます。
②Kを16枚、台紙の辺にそって貼ります。
③Kを12枚、中心から対称に貼ります。

★銀色のK・10枚分を濃い紫色にアレンジしています

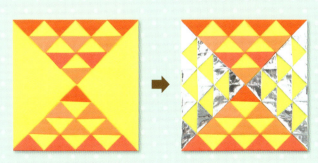

用意するもの
3.75×3.75cmで折ったK・40枚

作り方
①台紙を対角線で折って折り目をつけます。
②上下2つの面に、Kを10枚ずつ貼ります。
③左右2つの面に、Kを10枚ずつ貼ります。

実物大型紙

この本で使用する実物大の型紙です。
★型紙の記号 ――――・―――― わ

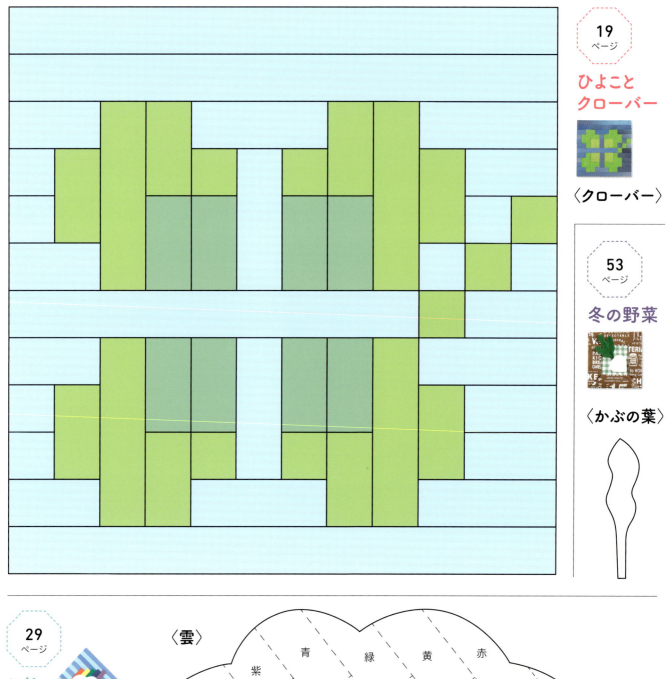

19ページ
ひよことクローバー
〈クローバー〉

53ページ
冬の野菜
〈かぶの葉〉

29ページ
にじ
★指定された色のにじを貼ります。

〈雲〉
紫 青 緑 黄 赤

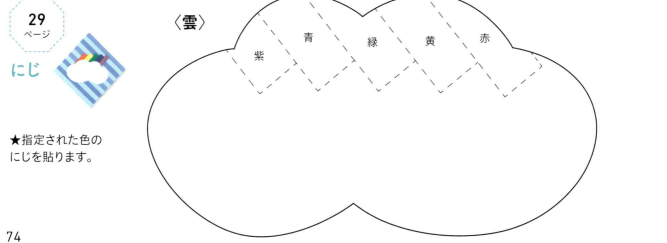

〈ひよこ〉

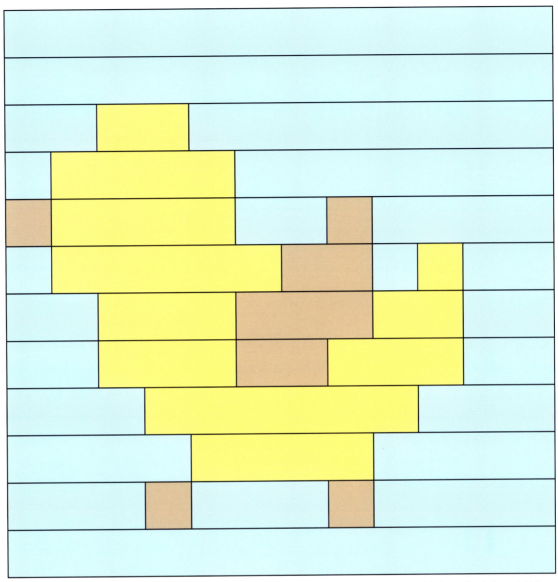

★右向きのクローバーは200%に拡大コピーをしてください。

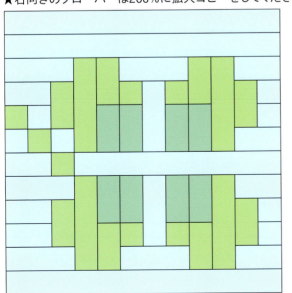

★右向きのひよこは200%に拡大コピーをしてください。

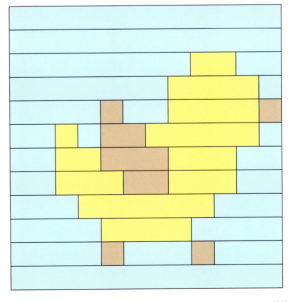

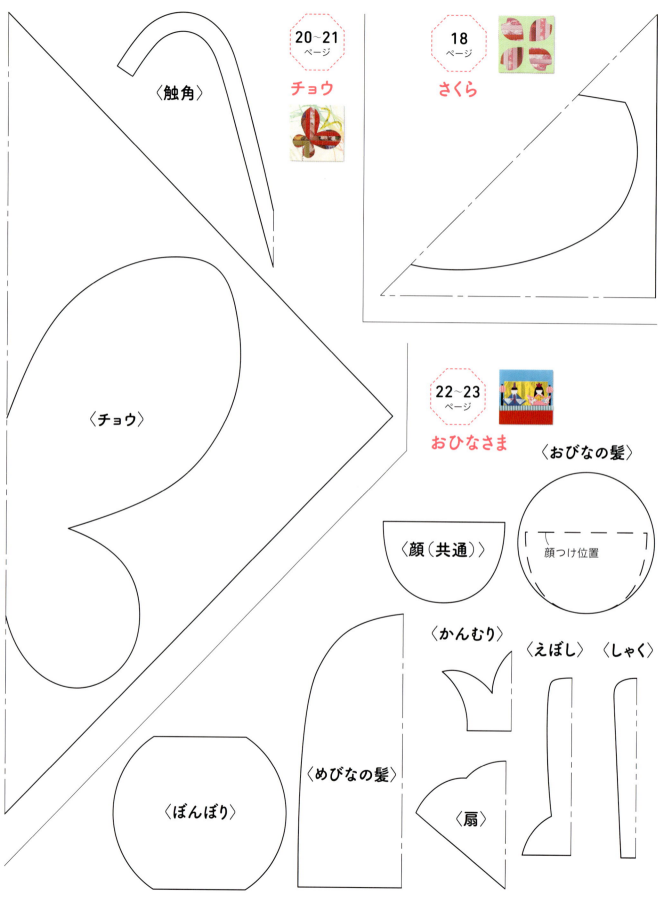

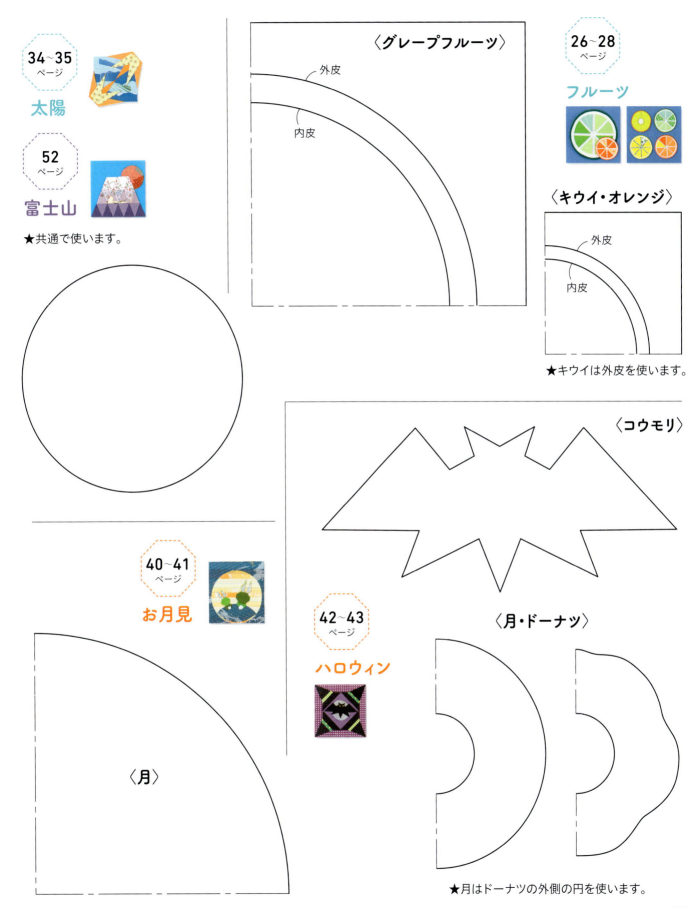

| 44〜45 ページ | **ケーキとマグカップ**  |

〈マグカップ〉　★3種類のマグカップから選んで使用。

| 48〜49 ページ | **雪の結晶** 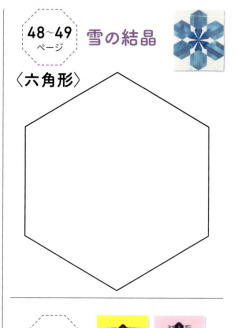 |

〈六角形〉

| 50〜51 ページ |  |

**はんてんと
ちゃんちゃんこ**

〈はんてんの袖〉

〈ちゃんちゃんこの胴脇〉

| 46〜47 ページ | 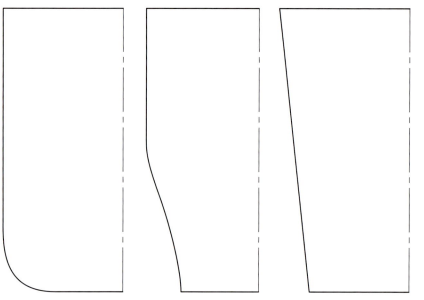 |

クリスマス

〈プレゼントのリボン〉

〈リース〉

| 60〜61 ページ |  |

トランプ

| 66〜67 ページ | **猫** 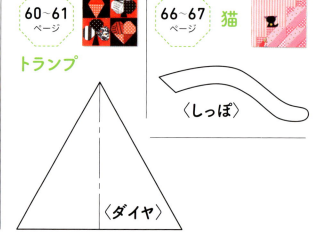 |

〈しっぽ〉

〈ダイヤ〉

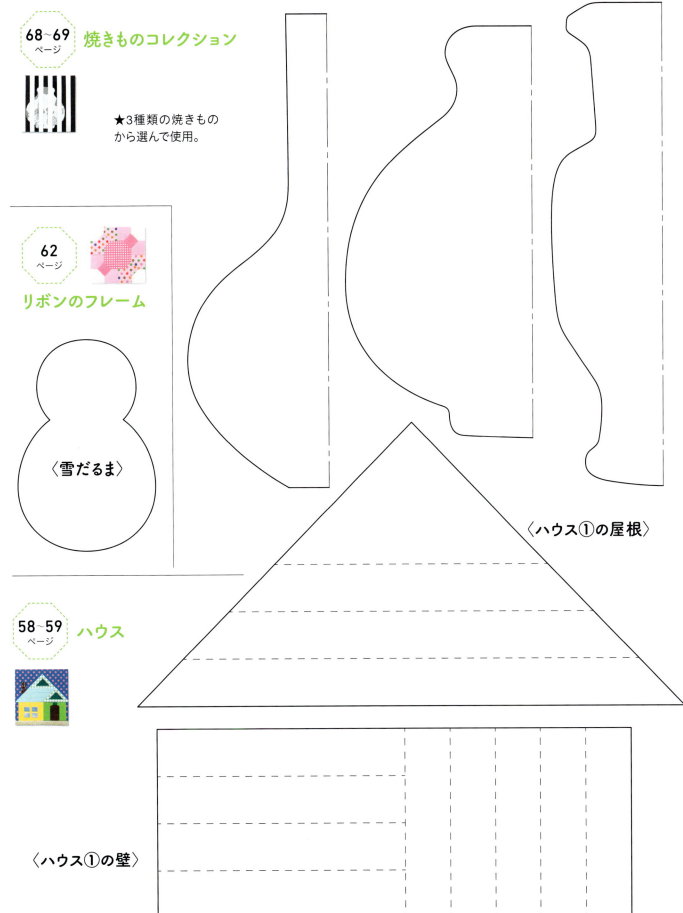

堀込好子
ほりごめよしこ

埼玉県出身。東京鍼灸マッサージ学校（現東京医療福祉専門学校）卒業後に東京医科大学付属病院勤務。出産を機に退職し、介護ヘルパーを経て2006年より介護付有料老人ホーム「家族の家ひまわり与野」に機能訓練指導員として勤務。2014年定年退職後も同施設にて手芸のボランティア活動中。著書に『季節のおりがみ壁飾り』（日本ヴォーグ社）がある。

制作協力
介護付有料老人ホーム「家族の家ひまわり与野」のみなさん

STAFF
ブックデザイン　周 玉慧
撮影　白井由香里（口絵・プロセス）、森谷則秋（プロセス）
撮影協力　堀込夏子、堀込愛子
トレース　株式会社ウェイド（手芸制作部）
編集担当　加藤麻衣子

一年中楽しめる
おりがみ壁飾り

発行日　2017年4月23日
著者　堀込好子
発行人　瀬戸信昭
編集人　今 ひろ子
発行所　株式会社日本ヴォーグ社
　　　　〒162-8705　東京都新宿区市谷本村町3-23
　　　　Tel.03-5261-5083（編集）　03-5261-5081（販売）
振替　00170-4-9877
出版受注センター　Tel.03-6324-1155　Fax.03-6324-1313
印刷所　凸版印刷株式会社

Printed in Japan ©Yoshiko Horigome 2017
NV70410　ISBN978-4-529-05680-9　C0076

- 本誌に掲載する著作物の複写に関わる複製、上映、譲渡、公衆送信（送信可能化を含む）の各権利は株式会社日本ヴォーグ社が管理の委託を受けています。
- JCOPY〈（社）出版者著作権管理機構 委託出版物〉
本誌の無断複写は著作権法上での例外を除き禁じられています。複写される場合は、そのつど事前に、（社）出版者著作権管理機構（tel. 03-3513-6969, fax. 03-3513-6979、e-mail:info@jcopy.or.jp）の許諾を得てください。
- 万一、乱丁本、落丁本がありましたら、お取り替えいたします。お買い求めの書店か小社販売部へお申し出ください。
- 印刷物のため、実際の色とは色調が異なる場合があります。ご了承ください。

あなたに感謝しております
We are grateful.

手づくりの大好きなあなたが、
この本をお選びくださいましてありがとうございます。
内容はいかがでしたでしょうか？
本書が少しでもお役に立てば、こんなにうれしいことはありません。
日本ヴォーグ社では、手づくりを愛する方とのおつき合いを大切にし、
ご要望にお応えする商品、サービスの実現を常に目標としています。
小社および出版物について、何かお気付きの点やご意見がございましたら、
何なりとお申し出ください。
そういうあなたに私どもは常に感謝しております。

株式会社日本ヴォーグ社　社長　瀬戸信昭　Fax. 03-3269-7874

立ち読みができるウェブサイト「日本ヴォーグ社の本」
http://book.nihonvogue.co.jp/

日本ヴォーグ社関連情報はこちら
（出版、通信販売、通信講座、スクール・レッスン）

http://www.tezukuritown.com/　手づくりタウン　検索